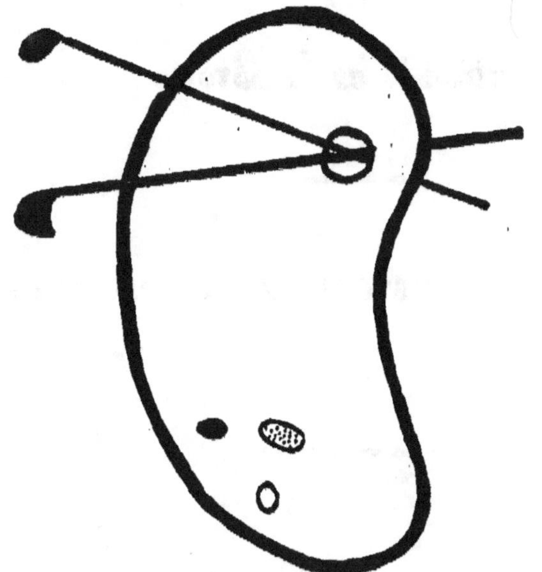

A. LACROIX

archiviste de la Drôme

—

BIBLIOTHÈQUE HISTORIQUE DU DAUPHINÉ

—

SAINT - MARCELLIN

—

Prix : 0. 75.

GRENOBLE

Xavier DREVET, éditeur

LIBRAIRE DE L'ACADÉMIE

14, rue Lafayette, 14.

—

1875

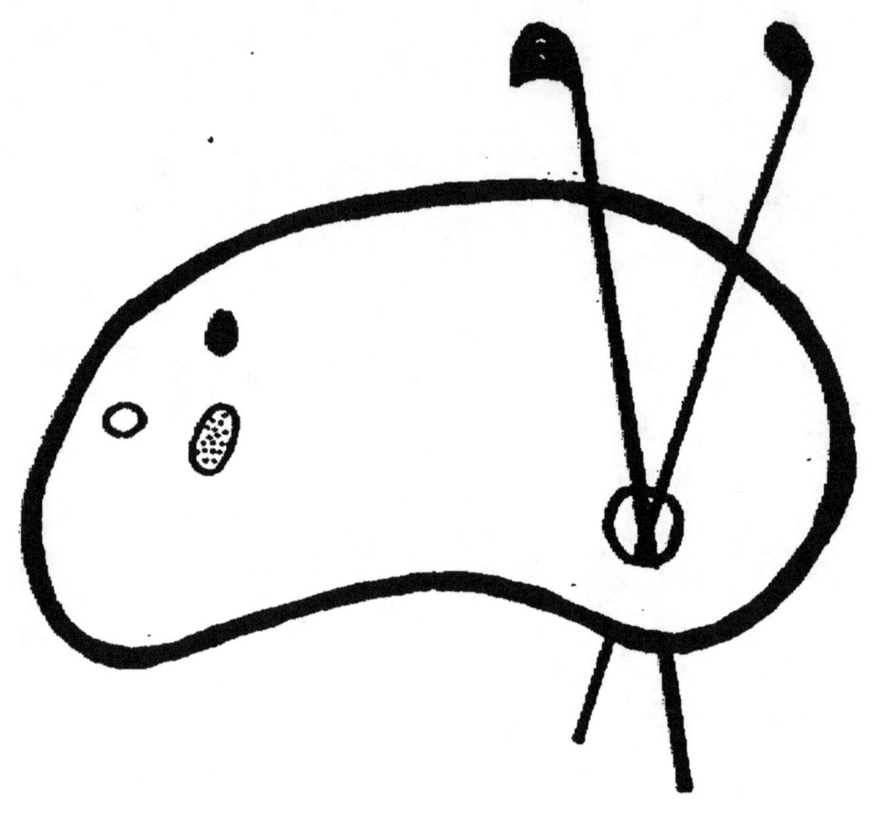

FIN D'UNE SERIE DE DOCUMENTS
EN COULEUR

SAINT-MARCELLIN

> « Siége d'une sous-préfecture et d'un tribunal
> « de première instance, son développement et sa
> « population sont en rapport avec ces deux ins-
> « titutions auxquelles, seules, il doit la faible
> « activité qui s'y fait remarquer.
>
> « Baron d'HAUSSEZ. »
> *(Souvenirs sur le département de l'Isère.)*

I.

Le Bailliage.

Peu de villes connaissent l'époque précise de leur fondation, leurs premiers habitants n'ayant confié les traditions premières ni à la pierre, ni au métal.

Aussi ne rechercherons-nous l'existence de Saint-Marcellin ni chez les Allobroges ou les Meldes, une de leurs
peuplades, ni chez les Romains, dont Mercure, un de
leurs dieux, avait des adorateurs à Chevrières, à Blagnieu
et à Chatte (1).

---

(1) *Statistique de l'Isère*, III, 182 et 202. — *Bulletin de la
Société d'archéologie de la Drôme*, V, 380.

Son nom lui vient de saint Marcellin, évêque d'Embrun, au IV° siècle, qui avait sa fête chômée au bailliage, le 20 avril.

Lorsque, en 1101, Guigues Didier, héritier de Jocelyn, tira de l'abbaye de Montmajour-lès-Arles des religieux bénédictins pour garder les reliques de saint Antoine et l'église construite en son honneur à la Motte-Saint-Didier, le pape et l'archevêque de Vienne approuvèrent la prise de possession des religieux et leur donnèrent les églises de Saint-Marcellin et de Saint-Hilaire (1).

On ne trouve pas dans les historiens de la province de plus ancienne mention de Saint-Marcellin.

Sa première église, consacrée le 19 mars 1119, par Guy de Bourgogne, devenu pape sous le nom de Calixte II, fut détruite au commencement du XV° siècle, d'après une transaction intervenue entre l'abbé de Saint-Antoine et les consuls de Saint-Marcellin, et remplacée par l'église actuelle (2).

Comment les Dauphins ou comtes d'Albon furent-ils attirés dans le bourg naissant? Par la beauté du site et par le voisinage de Beauvoir, où Béatrix, veuve de Guigues, se retira (1270), et où son mari et le dauphin André « avaient fait leur plus ordinaire séjour. »

Mais le véritable créateur de Saint-Marcellin paraît être Humbert II, qui le dota d'établissements et de privilèges recherchés autrefois.

« La justice, dit Montesquieu, est la première dette de la souveraineté, » aussi les Dauphins songèrent-ils à placer dans cette ville une cour importante.

Le 22 février 1337, Humbert II choisit pour ses conseillers spéciaux : Guillaume (Mitte), abbé de Saint-Antoine ; Humbert de la Baume, commandeur de Saint-Paul-lès-Romans ; Nicolas Constans, Bertrand Eustache,

----

(1) *Stylus curiæ majoris Viennesii*, p. 103. — Collombet, *Histoire de la sainte église de Vienne*, II, 9.

(2) Cartulaire de Saint-Marcellin, fol. 43.

chevaliers et docteurs ès lois; Pierre d'Herbeys, cheva-
lier ; Jacques Têtegrosse et Jean de Saint-Vallier, docteurs ès lois, pour régler les affaires du prince et celles
des vassaux, pour demeurer à Saint-Marcellin et, réunis
en corps, terminer toutes affaires par voie judiciaire ou
par transaction, composition ou autrement.

Ce Conseil delphinal, en 1340, fut transféré à Grenoble, et devint, sous Louis XI, le Parlement de la province.
« Il se présentoit tous les jours, dit Valbonnais, des cir-
constances favorables pour l'accroissement de l'autorité du
Dauphin, qui ne pouvoient se rencontrer dans toute autre
ville que dans la capitale » (1).

Toutefois, Saint-Marcellin reçut une compensation.

« *Item* a voulu ledit monseigneur Dauphin... a donné et
« concédé aux bourgeois que la grande cour du Viennois
« et la cour principale des appellations du Dauphiné se-
« roient tenues au lieu de Saint-Marcellin, et aussy que
« les comptes soient ouys et rendus dans icelluy de tout
« le Dauphiné; que les juges desdites cours, procu-
« reurs, notaires et autres personnes suivans et fré-
« quentans lesdites cours, maistresrationnaulx et auditeurs
« des comptes, le procureur du Viennois, les procureur
« et advocat fiscaux dudit pays de Viennois soient tenus
« de faire leur demeure dans ledit lieu de Saint-Marcel-
« lin et y tenir toujours leur siége et résidence..... » (2).

Les maîtres rationaux et auditeurs des comptes suivi-
rent à Grenoble le Conseil delphinal, et Saint-Marcellin
ne conserva guère que le juge du Viennois; car, d'après
l'*Album du Dauphiné*, la cour majeure du Viennois et
la cour principale des appellations de la province lui furent enlevées en 1344. Aussi les habitants se soulevèrent-
ils contre Humbert, qui leur pardonna moyennant une
amende de 300 florins (3).

---

(1) Valbonnais, *Mémoires sur le Dauphiné*, 347, 11, 14, 15,
644.

(2) Cartulaire. — Lagrange, *Stylus curiæ majoris.*

(3) *Album du Dauphiné*, art. Saint-Marcellin.

Sans doute, à l'origine, les Dauphins rendirent eux-mêmes la justice à leurs sujets. Au XIII° siécle, on ne trouve dans les terres delphinales d'autre juge que le prince ou son châtelain. Plus tard, il y eut un juge général ou mage, auquel était assigné un territoire déterminé : de là les cours du Graisivaudan, du Viennois, Valentinois, terre de la Tour, etc.

Lagrange assure que les Dauphins, étant à Peyrins, y établirent le siége du bailliage transféré à Saint-Marcellin, et il fait remonter à cette époque la naissance du style particulier de la cour majeure du Viennois et Valentinois.

Le 2 juillet 1333, Guigues VIII, par lettres adressées au juge majeur des appellations ou à ses lieutenants, ordonnait d'observer le style ou les usages de la cour de Peyrins. Ce style était, paraît-il, fort simple : il fallait s'en tenir aux conventions.

Quant au choix de Saint-Marcellin, Lagrange l'explique par la position centrale du lieu, — vrai nombril de la province, et par la pureté et la salubrité de l'air qu'on y respire.

Un arrêt du conseil privé du roi François 1er (17 décembre 1538) nous apprend : que le dauphin Humbert, après l'échange, avec le pape, de Visan contre la ville de Romans, en 1344, « voulut et ordonna que la cour et ju-« risdiction du bailliage du Bas-Viennois séant à Saint-« Marcellin se tiendroit perpétuellement en la dicte ville, « de Romans... pour icelle fere mieux penplée et abon-« dante, et aussi pour le proffict, bien et commodité des « subjects ressortissans en ladicte jurisdiction; » qu'après le transport du Dauphiné à la couronne de France, les Romanais négligèrent de revendiquer le privilége octroyé, et que le siége demeura à Saint-Marcellin, « où les prac-« ticiens se sont habituez et les parties plaidans accom-« modées comme au lieu destiné à tenir ledict siége, en-« sorte que toute la ville consiste audit siége, sans lequel « elle seroit totallement ruynée. » Vers 1368, François de Parme, juge, ayant perdu un fils à l'époque de la contagion, conseilla de transférer la cour à Romans. Quand la peste cessa, cette dernière ville tenta de conserver les juges et le tribunal. Saint-Marcellin résista de son mieux, et obtint une ordonnance favorable le 3 juillet 1363, en payant 200 florins d'or. De cette sorte, « les habitants de Saint-Marcellin ont ledict siége à titre onéreux. »

Les choses restèrent en cet état jusqu'à Louis XI.

Ce prince, en 1447, des sept judicatures mages, dont cinq bailliages, conserva seulement le bailliage du Viennois et celui des Montagnes, ainsi que les vi-bailliages de Bourgoin, St-Marcellin, Briançon, le Buis, etc.

Malgré de nombreuses confirmations royales, les habitants de St-Marcellin se virent menacés de nouveau, en 1501, de perdre leur siége. L'affaire fut portée par ceux de Romans au Parlement de Grenoble, où elle demeura pendant jusqu'en 1511. Reprise alors avec ardeur, la question fut plaidée, et les avantages des deux villes mis en parallèle. Puis, le roi « veues en son privé conseil les « dictes requestes et ouyes les dictes parties » ordonna que « le dict siége demeureroit audict St-Marcellin, ainsi « qu'il a accoustumé.» (17 décembre 1538). (1).

Cet arrêt fut notifié en ces termes :

« L'on vous faict scavoir de la part du roy Daulphin nostre souverain seigneur, en vertu de l'attache de Messeigneurs de Parlement du Dauphiné, que par arrest donné par le dict seigneur en son conseil privé, parties ouyes, du 17° de décembre dernier passé, il a esté dict et ordonné que le siége et bailliage de la grant court de Viennois et Vallentinois demeurera à St-Marcellin, ainsi qu'il a accoustumé, et pour ce, l'on faict inhibition et deffence à ceux de ceste ville de Romans, lesquels avoient tiré à cause les dicts de St-Marcellin pour avoir le dict bailliage, que dores en avant ils n'aient à troubler ny molester ceux de St-Marcellin pour et à l'occasion dudict bailliage, mais les

---

(1) Lagrange, *Stylus curiæ majoris viennesii.* — Cartulaire.

lai g ent jou.⁵ et user d'icelluy paisiblement sans leur don-
n.er aulcun empeschement ny destourbier, et ce entant
qu'ils craignent de désobéir audict seigneur et contreve-
nir à ses commandements. »

Les consuls et habitants de Romans protestèrent contre
cette proclamation et l'affaire en resta là.

Elle fut reprise en 1606, et l'avocat Brenier (Antoine)
fut délégué à Paris par la ville de St-Marcellin pour ré-
sister aux nouvelles entreprises de celle de Romans.

Gain de cause demeura à Brenier et à sa ville (1).

Mais Louis XIII, en 1636, soumit au Présidial de Valence, établi par lui cette année, les appels du siége de St-
Marcellin.

L'*Almanach du Dauphiné* pour 1789 nous fait connaître la composition de ce tribunal.

M. Reynaud-Vallier, vi-bailli,

M. Lantelme, officier honoraire, lieutenant général de
police,

M. Boisset, lieutenant,

M. Cattier, assesseur,

M. Drevon, assesseur,

M. Manthe, procureur du roi,

M. Macaire Fontlager, officier honoraire, procureur du
roi à la police,

Mᵉ Vital Robin, greffier,

Mᵉ Rey, huissier audiencier.

Il y nomme 27 avocats, 15 procureurs et 6 notaires.

Toutes les judicatures de l'arrondissement actuel de
Valence, au nord de l'Isère, celles du Royannais et de
l'arrondissement de St-Marcellin, ressortissaient en appel
au bailliage de même nom.

Un tribunal civil de première instance y a remplacé
l'ancien bailliage, d'après la loi du 27 ventôse an VIII.

La loi du 19 vendémiaire an IV y plaça d'abord un tribunal correctionnel.

---

(1) Cartulaire.

II.

Les Libertés.

Valbonnais se montre peu enthousiaste pour les règlements connus sous le nom de *franchises*, « où, sous pré-
« texte de libertés et de priviléges, les seigneurs met-
« toient leurs sujets à rançon et leur faisoient acheter
« chèrement l'impunité de leurs crimes. » Ces lois particulières rappelaient souvent, en effet, les coutumes des anciens Bourguignons, « dont il sembloit qu'elles eussent
« conservé les mœurs et la police dans un pays autrefois
« sujet à leur domination (1). »

Cependant, puisque nos pères attachaient une grande importance à ces libertés, elles constituaient certainement un progrès.

Au reste, l'analyse de celles de Saint-Marcellin permettra mieux que toutes les dissertations de s'en rendre un compte exact.

Elles datent des 4 et 7 juillet 1343 et furent octroyées par Humbert II aux habitants, en témoignage d'amitié, en récompense de leurs bons services et en vue de l'accroissement de leur ville, car le prince déclare francs et libres tous ceux qui y résident, leurs femmes, enfants et domestiques.

I. Ces franchises sont semblables à celles de Saint-Etienne-de-Saint-Geoirs.

II. Les habitants de la ville et des termes ou limites sont déclarés bourgeois. (On verra plus loin quelles étaient ces limites. Quant à la signification du mot bourgeois, elle correspond, au XIVe siècle, au premier rang après la noblesse.)

---

(1) *Mémoires sur le Dauphiné*, p. 8.

III. Ils reçvent librement élire chaque année quatre syndics, consuls ou procureurs, qui prêtent serment de gérer les affaires de la ville, moyennant 100 sols de traitement pour chacun.

IV. Les consuls, du consentement des bourgeois du lieu, peuvent accorder le droit de bourgeoisie à tout étranger qui possède une maison en ville, prête hommage au Dauphin et jure d'observer les libertés et de contribuer aux charges communes.

V. Liberté d'avoir un four banal.

VI. Cet article, déjà cité, se réfère à la grande cour de justice.

VII. *Un vingtain* annuel sera levé pour l'entretien et l'achèvement des murailles et des fossés. Les bourgeois empliront d'eau ces fossés, de 40 pieds de large et de profond. Comme ces travaux défensifs sont urgents, le Dauphin accorde à Saint-Marcellin, « pour survenir et « parfaire ladite besoigne, » toutes les censes et rentes du château de Chevrières, pendant 3 ans. (M. Simian a lu *Caphiarum* et n'a pu retrouver le château.)

VIII. Les habitants doivent suivre les cavalcades ou postes du Dauphin, pendant huit jours, à leurs frais; passé ce délai, ils peuvent rentrer chez eux.

IX. Il leur est loisible de prendre du bois de chauffage et de construction dans la forêt de Chambaran, située sur leur territoire.

X. Réduction de moitié « des dettes gratuitement et volontairement confessées. » S'il s'agit des créances du prince, c'est une faveur; s'il s'agit des créances d'autrui, c'est une injustice. Cet article est obscur, et M. Simian y a vu la subvention accordée aux prêtres de la ville.

XI. L'entrée du vin et du sel est gratuite. A la sortie, le sel, au-delà d'une quarte, et le vin, au-delà d'un barral, paient les droits.

XII. Les blasphèmes sont punis d'une amende de douze deniers et le parjure est laissé à la discrétion du juge.

XIII. Saint-Marcellin ne pourra être distrait du Dauphiné, ni aliéné à personne.

XIV. Les gouverneurs de la province jurent de respecter les libertés des habitants, et ceux-ci prêtent serment de fidélité.

XV. Le ban-vin (droit exclusif de vendre du vin pendant le mois d'août) est aboli, et la vente du vin est libre, moyennant douze deniers de droit par charge.

XVI. Les libertés seront publiées dans toute la province. Un droit de préemption est réservé au Dauphin, en payant le prix d'estime, pour construire son château.

XVII. On modifiera la halle du marché, et devant elle une grande place carrée sera établie, à laquelle aboutiront toutes les rues.

XVIII. Les termes ou limites sont la maison du Mollard, la terre des Ormes, le moulin de So, la maison Laubépin, la maison Selvetia, la grange Grollier et la saulaie du champ Tardy.

XIX. Sont exempts de péage, gabelle et autres impôts, les vivres, denrées et marchandises entrés en ville ; à la sortie, ils paient les droits, à l'exception du vin.

XX. Sont remises les clames (plaintes en justice), pour dettes non payées.

XXI. Les habitants sont exempts de tailles.

XXII. En cas de mort sans testament, les biens du défunt passent à ses héritiers. Les dispositions testamentaires sont invariablement suivies.

Les articles suivants déterminent les peines pécuniaires encourues pour blessures, vols, faux poids, adultère, faux serment et injures ; règlent les frais de procès ; interdisent les réquisitions de vivres et de fourrage ; permettent l'aliénation des immeubles, en payant le 13e denier ; prohibent la contrainte par corps et la saisie des vêtements, meubles nécessaires, bœufs et instruments aratoires ; accordent la liberté de la pêche, sauf dans les fossés, et de la chasse, sauf aux perdrix et aux faisans.

Un article portait que si un habitant voulait transporter ailleurs ses biens, le Dauphin le ferait accompagner et protéger pendant trois jours et trois nuits.

Enfin, aucun délinquant ne pouvait être arrêté ou détenu dans la ville, si son crime n'entraînait pas des peines corporelles.

Voilà, en substance, les libertés de Saint-Marcellin, publiées dans le *Bulletin de la Société de statistique de l'Isère.* (2ᵉ série, t. VII, liv. 2 et 3.)

Charles V, en 1350, les confirma ; Charles VI, en 1408 ; François Iᵉʳ, à Valence, en 1515, et à Lyon, en 1538 ; Henri II, en 1547, et Henri IV, en 1601 et en 1606, en firent autant.

N'est-ce pas une preuve que les habitants de Saint-Marcellin y trouvaient des avantages réels ?

III.

Institutions diverses.

Un auteur n'a pas craint de qualifier Saint-Marcellin de *ville sans avenir et sans traditions historiques.* Cette appréciation, démentie par les faits, est même devenue une sorte d'axiome pour quiconque redoute les recherches dans les archives publiques, et elle se retrouve dans les *Guides* et les Itinéraires les plus en renom.

Or, que le voyageur en chemin de fer se contente de ce renseignement, il est excusable. A peine a-t-il le temps de jeter un coup d'œil rapide sur le magnifique paysage au milieu duquel la ville présente ses toits rouges et son clocher grisâtre. Mais un Dauphinois admettra-t-il un instant que la patrie de Lagrange soit une ville sans traditions? Jamais.

N'ayant aucune prétention à l'esprit prophétique, je renonce à réfuter l'assertion de M. d'Haussez relative à l'avenir, dont Dieu seul a le secret pour les cités comme pour les individus; mais je proteste contre l'absence de traditions historiques à Saint-Marcellin.

Au point de vue de la justice et des franchises locales, le lecteur est déjà pleinement édifié; au point de vue militaire, Saint-Marcellin a joué un rôle pendant les guerres du XVI° siècle. Il a eu pour fondateur Humbert II, qui céda le Dauphiné à la France, et que le président Valbonnais a regardé comme un grand prince ; il a vu naître des magistrats et des diplomates du nom de Lagrange et de Déageant ; il a vécu dans le calme et l'aisance pendant plusieurs siècles : quelles traditions historiques peuvent donc manquer à sa gloire?

Quelques détails, comme pièces à l'appui, vont confirmer ma thèse.

§ 1. ADMINISTRATION MUNICIPALE.

D'après les libertés de la ville, les bourgeois de Saint-Marcellin pouvaient élire chaque année quatre syndics, consuls ou procureurs pour gérer leurs affaires communes. Cependant, on ne trouve, de 1460 à 1561, que deux consuls et deux ou trois conseillers de ville.

Il serait facile de donner la liste des consuls de la cité pendant plus d'un siècle, si nous en faisions ici l'histoire complète. Quelques remarques suffiront à notre objet.

Les élections avaient lieu le 24 juin de chaque année, dans une assemblée des chefs de famille, en pleine place, sous la présidence du châtelain ou représentant des Dauphins. Deux ou trois oppositions à peine sont indiquées dans le Cartulaire, de 1460 à 1600.

En 1549, Guillaume Laucedat et Ennemond Périer furent « tout d'une voix » élus consuls. Mais Didier Court ayant fait remarquer que la coutume était « d'havoir un « homme de mestier pour le second consul, » Laucedat seul accepta ses fonctions, et Périer répondit « que quand l'on « l'eliroit comme ses predecesseurs avoient esté eslus, il « accepteroit, car il ne ses predecesseurs ne furent jamais

« mequanics. » L'assemblée se sépara anxieuse, la ville ayant besoin alors « de gens clercs ou aultres gens ex- « perts, attendu ses procès et affaires. » Périer se ravisa néanmoins dans l'intérêt du bien public et exerça ses fonctions.

Une autre particularité se tire de l'élection faite, en 1552, d'Heuvrard et d'Esprit, marchand. Heuvrard prétendit pouvoir refuser la charge consulaire, comme « moindre de vingt-cinq ans » et chargé des affaires du roi, au greffe du bailliage. Le président de l'assemblée informa le vibailli de ce refus, et Heuvrard fut admis à prouver ses dires. Effectivement, les témoins n'ayant accusé que vingt-deux ou vingt-trois ans d'âge à l'élu, il fut dispensé du consulat. Une nouvelle élection eut lieu et Ribodon, clerc, réunit les suffrages. Celui-ci refusa à son tour, à cause des procès qu'il soutenait à Lyon, Valence et Grenoble. Heuvrard, notaire en exercice, craignant une enquête nouvelle sur son âge ou touché de la confiance de ses concitoyens, finit par accepter la mission, et tout cela se passa le 24 juin, alors que dans une ville dotée de meilleures traditions historiques, il aurait fallu plusieurs mois pour arriver au même résultat. En 1561, une véritable lutte électorale s'engagea. C'était l'époque des premières escarmouches de nos guerres du XVIe siècle. Joachim d'Arzag, docteur en droit, vibailli, présidait la séance comme lieutenant du châtelain. Nicolas, procureur, consul sortant, avait désigné pour le remplacer Jean Gilbert « souffizant et ydonne, » sans consulter les conseillers de la ville. Or, d'après l'ancienne coutume, ceux-ci devaient donner leur avis. Une enquête eut lieu aussitôt et établit le fait. Nicolas, interpelé par le vibailli, désigna de nouveau Gilbert; Bergeran, avocat, conseiller de la ville, choisit Charles Esprit et Georges Payn-Malsangla, et le deuxième consul, avec quarante-trois votants, approuvèrent ce choix. Ennemond Périer, autre conseiller de la ville, proposa Jean Gilbert et Etienne Pain-Malsangla, et obtint neuf adhésions. Le vi-

bailli « attendu que la plus grande et senieure partie avait
« nommé et eslu Charles Spirit et Georges Payn, iceulx
« créa consuls de Saint-Marcellin, » et chargea le châtelain de recevoir leur serment.

Si l'on rapproche ce nombre de cinquante-quatre électeurs du fait de la convocation de chaque chef de famille
à l'assemblée électorale, on arrive à cette double conclu-
sion : ou bien la ville était alors peu peuplée, ou bien les
électeurs manquaient un peu de zèle.

Quoi qu'il en soit, voici quelques autres chiffres :

Années	Nombre d'électeurs nommés
1468	34
1470	43
1477	53
1487	33
1497	34
1507	33

ce qui ferait en moyenne 38 électeurs.

Il ne paraît pas que les suffrages fussent écrits; chacun
déclarait à son tour le nom de son candidat, et le plus souvent le procès-verbal indique une élection faite « d'une
commune voix » (1).

Cette organisation libérale survécut peu de temps aux
guerres du XVIe siècle, Louis XIII et Louis XIV trou-
vant plus naturel de s'approprier les nominations des ad-
ministrateurs municipaux, et même d'en faire des offices
qu'ils vendaient à prix d'argent (2).

§ 2. Enseignement primaire et secondaire.

Un professeur du collége de France, M. Michel Bréal,
a récemment prétendu que l'instruction primaire, née
avec la Réforme, n'avait été définitivement organisée
qu'en 1833.

---

(1) Cartulaire de Saint-Marcellin.
(2) Voir *Code municipal*, Grenoble 1770, 2 vol. in-12.

Saint-Marcellin, — ville sans traditions historiques ! —
va infirmer l'assertion du savant professeur ; car il avait
des écoles laïques, non gratuites ni obligatoires cependant, vers la fin du XV° siècle.

Le 29 juin 1481, en effet, Claude Pain et Pierre Pail-
ler, syndics, du consentement de Leusson, de Rue et
Perrier, conseillers, confiaient la direction des écoles à
Charles Albert, bachelier ès arts. Celui-ci s'engagea à
remplir dignement ses fonctions, à instruire les clercs
(*clericos*) sur les sciences et les bonnes mœurs, et à donner à maître Evrard, son aide, 20 florins de gages sur les
mois des élèves. De son côté, la ville lui promit de le défendre contre Jacques Lacombe, chapelain du lieu.

L'acte ne précise pas les difficultés que soulevait cet
ecclésiastique ; mais il s'agissait sans doute d'une appro-
bation régulière à donner par le clergé ; car, en 1504,
Jean Reynaud, un des syndics, de l'avis du chatelain et
des conseillers, présentait pour régent des écoles Jean
Ferrand, maître ès arts, à Frère Bernard Blondut, vicaire
et fermier de la cure, lequel accepta le candidat reconnu
capable et instruit. Maître Ferrand jura entre les mains
du vicaire de bien remplir sa mission, et la ville lui as-
sura les salaires et priviléges accoutumés, ainsi que le
logement. Ce marché, selon l'usage, était fait pour une
année.

Suivant un acte de 1472, Etienne de Rue et Jean
Evrard, syndics, donnèrent à Frère Jacques Lacombe, régent des écoles, une petite cloche de 29 livres, pour ap-
peler les élèves en classe.

Après les guerres de religion, le 15 mai 1626, Gui-
chard Déageant, sire de Brulon, baron de Vire, conseiller
du roi, premier président en la Chambre des Comptes de
Grenoble « seul tige des descendants d'Etienne Deageant,
« vibailli du Viennois et lieutenant général civil et crimi-
« nel au siége royal de Saint-Marcellin, fils de noble An-
« toine, coseigneur de Sigautier en Gapençois, » établit
une rente de 180 livres au profit des Carmes, et fit répa-

rer le couvent. Le 5 août 1642, il fonda chez ces religieux
un collége à trois classes « tant pour rendre le couvent
« plus considérable et donner plus de moyens aux Pères
« de subsister et faire le service divin, que pour donner
« aussi moyen à la jeunesse de la ville et des lieux circon-
« voisins d'être élevée à la piété et aux bonnes lettres, »
promettant à cet effet de promptement faire bâtir, à ses
frais, un dortoir le long de la rue de Romans jusqu'à l'é-
glise, pour l'usage desdites classes, et de payer 9,000 livres pour l'entretien des régents de 5e, 4e et 3e classes,
ouvertes de la Saint-Luc à la Saint-Michel.

A l'exemple de Déageant et en témoignage de « l'af-
« fection et de l'amitié qu'il avait toujours eue pour le
« lieu de sa naissance, » Modeste Rebut de Mésone, sa-
cristain de l'église paroissiale de Saint-Laurent de
Tullins, légua, le 18 mars 1713, une somme de 3,000 livres pour l'enseignement des humanités à Saint-Marcellin,
et, le 2 juillet 1714, le provincial des Carmes promit à
Jouvet, maire perpétuel, à Giroud, consul de la ville, et à
Folhon, procureur du roi en la maison consulaire, de
fournir un régent capable et suffisant pour enseigner la
classe d'humanités, sans rétribution.

§ 3. REVENUS ET DÉPENSES.

Un arrêt du Conseil d'Etat du roi Louis XV, à la date
du 4 septembre 1769, fixe par provision le budget de
Saint-Marcellin à 1,235 livres, dont 116 pour les gages
et le logement du maître d'école, 128 pour les gages des
quatre sergents de quartier, 50 livres pour ceux du maire,
40 pour ceux du premier échevin, 30 pour ceux du
deuxième, 60 pour ceux du syndic-receveur, 100 pour
ceux du secrétaire-greffier, 6 pour le feu de la Saint-Jean,
16 pour messes et processions votives, etc. Le reste était
absorbé par des rentes, par l'entretien des édifices pu-

blics, par l'horloge, le valet de ville et le sonneur des cloches (1).

Aux XVe et XVIe siècles, les revenus de la communauté consistaient en la ferme du four et des octrois, et en tailles dites négociales.

Le prix du loyer du four public de 26 florins, en 1465, descendit à 7, en 1549. Toutefois, « par les grands soins et travaux de maître François Chabert, assesseur au baillaige, » les directeurs du collége employèrent les 3,000 livres léguées par Rebut de Mésone « à racheter en partie « le four commun du lieu, comme étant un fonds très-as- « suré » (2).

D'abord, il n'y eut qu'un seul four, puis deux en 1528. Sous la toiture du hangar adjacent, on n'entendait pas toujours raconter les nouvelles de la ville ; parfois, des disputes s'y élevaient entre ménagères, et des injures on en venait aux coups. Le bail de 1518 oblige le fournier à empêcher ces débats. Celui de 1544 fait connaître les conditions de son service.

« Sera tenu ledit fournier de bien et deuement cuyre les pains des habitants à raison de 2 sols pour une checune sommée de 9 quartaux, à la poyne que s'ils sont mal cuits et mal aprestez, des dommages et interests (seront dus). Ledit fournier ne prandra ne fera prandre aulcune paste, sur poyne pour une checune fois de 10 sols, excepté à la my aoust et rampaulx que lon cuyt des *pognes* (3) pour lesquelles praindra paste, ainsi qu'est de

---

(1) A la fin du XVe siècle, on donnait 3 florins au sonneur de la *retraite* ou *scran*, après huit heures toute l'année, 4 florins aux quatre portiers, 6 florins au directeur de l'horloge et de la lune (*lune*), 10 florins aux surveillants des fontaires, etc.

(2) Cartulaire.

(3) Les *pognes* ou gâteaux de Pâques sont plus anciennes que cela. Un terrier de la Commanderie de Malte de Saint-Paul-lès-Romans, fait en 1339, mentionne, en effet, un Pierre Bellion dit *Pogna*, et place à côté de son nom la figure d'un gâteau percé au milieu (*Notice historique sur Saint-Paul*, à la fin).

coustume, sans aulcun fournage. Il sera tenu d'*applaidir* les chambrières pour cuire pour la première fois, sans que il soit de besoin y retourner ; sera tenu de cuyre le pain de la confrérie du Corps de Dieu, sans en prandre aulcun profict, excepté la manière acoustumée ; sera tenu payer la cense du four, qu'est un sestier de froment, à M. le curé. Il ne cuyra point de nuyt, sinon que despuis Sainte-Luce jusques à Noel. Il ne fera ni permettra fere auxdits fours aulcunes escleres, fors que pour le service et pour alumer le feu audit four. » Il devait, en outre, ramoner la cheminée, entretenir les toitures et compter les pains.

D'après les *libertés* de la ville, il était permis aux habitants de s'imposer un *vingtain* ou *commun du vin* pour l'entretien des murailles. Cet octroi s'adjugeait tous les ans: en 1460, 150 florins ; en 1490, 210 florins ; en 1528, 310 florins ; en 1561, 256. Or le florin, en 1490, petite monnaie, valait 4 liards, et le liard, 12 gros ; en 1509, il valait 12 sols tournois.

En 1494, comme il fallait refaire les murailles de Saint-Marcellin, l'adjudication des octrois pendant trois ans fut donnée à Reynaud, qui offrit de faire 167 toises de murs en bonne chaux, en pierres et cailloux, « de quatre pieds « de grosseur haut et bas » (1).

Quant aux tailles, elles variaient suivant les besoins. Il y avait aussi le revenu du poids des blés, évalué 36 florins en 1555, et le ban ou bain d'août, variant de 25 sols à 13, de 1554 à 1561.

---

(1) Cartulaire.

IV.

Police.

§ 1er. Boucherie et boulangerie.

Antoine Mulet, vibaillj, noble Humbert d'Arzag, procureur fiscal, et Guillaume Leusse, procureur, firent défendre, en 1485, aux bouchers qui vendaient au dehors le suif (*pinguedines seu sif*) d'avoir à cesser pareil commerce, qui amenait la hausse des chandelles jusqu'à 7 patats.

Quant aux marchands de chandelles, ils furent également astreints à ne les vendre au dehors que lorsque la ville serait bien approvisionnée.

Quatre ans auparavant, les bouchers avaient promis de livrer la viande de vache à 1 liard la livre ; celle de bœuf, à 1 quarton, et celle de mouton, à 1 blanc. Depuis lors, ils l'avaient augmentée et ne la pesaient plus ; ordre leur fut donné de se réunir et de s'expliquer.

En 1490, le conseil de ville fit publier le prix du vin : du 11 octobre au 11 novembre, à 5 patats le pot ; passé ce terme, le prix de détail devait se régler sur le prix en gros.

Le 26 mars 1475, Antoine Mulet, vibailli et juge de la « grant cour de Viennoys et Valentinoys au siége de « Saint-Marcellin, pour obvier aux abus et immodérée « convoytise des peyturiers et peyturesses du lieu, à la « requeste des cousses et aultres manants et habitans, » fit faire « les limitations et ordenances de soubs escriptes sur « le poys et maniere de fere du payn blanc qui dehors en « avant se cuyra... »

Guillaume Leusse et Claude Vache, bourgeois, furent chargés par le vibailli des expériences préparatoires.

« ... Lesquieulx commisseyres veulhant procéder sur la-
« ditte matiere ont fet acheter par Didier Folhon, syn-
« dic, un sestier de fromant de blé, lequiel blé on fet nou-
« toyer et abillier, lequel ainsi prest ont pesé avec le sac
« aulx gros poys de Montpellier. »

Le blé pesa 1 quintal 20 livres. Il fut réduit en farine
en présence d'un commissaire « pour garder que il n'y eût
fraud, » puis « baritellé et abilhé » pour en faire du pain
blanc, et ensuité pesé « avec le bran et le sac, » et il y
eut 1 quintal 12 livres de farine. Le *bran* (son) pesa 18 livres, et il resta 95 livres de farine blanche.

Restait à vérifier la cuisson.

On prit un *mat* ou *veyciaulœ* du poids de 30 livres ;
on y prépara la pâte, et, quand elle fut prête, elle pesa
124 livres, le poids du mât déduit.

« Est à savoir que par la délibération faite par MM. les
« borgoes et habitans de la villa a este conclut que les
« dits peyturiers et petresses auroient de gain au temps
« avenir sur chiesque sestier de fromant, encluse la poyne
« de bariteller et du fernage, 2 gros avec le bran. Et
« pour ce que le sestier du fromant a couté au cosse 10
« gros, enclus les 2 gros ordonnés pour la poyne et le
« gayn, soit 12 gros... pour scavoir combien lon feret du
« payn an ladita pata dessus poysée (1 quintal 24 livres)
« a été carculé que la pate du pain d'un quart doit peser
« 10 livres 9 onces 8 deniers, et la pate du pain de demi-
« gros, 5 livres 2 onces 16 deniers. »

Des pains de quart et de demi-gros étant faits, on
les mit cuire et l'on trouva 111 livres de pain ; le pain de
demi-gros pesait 4 livres 10 onces, et le pain d'un quart,
2 livres 5 onces.

Partant de ces remarques et de ce fait que la livre a
16 onces, l'once 24 deniers, et le denier 24 grains, il fut
réglé que :

Le sétier de blé coûtant 6 gros, « enclus les 2 gros pour
« le labour et gain, doit peiser la pasta du payn de demy-
« gros 7 livres 12 onces, et celle du pain de 1 quart, 3

« livres 14 onces, le pain cuit de demi-gros 6 livres 15
« onces, celui de 1 quart 3 livres 7 onces 1/2. »

A 7 gros le sétier, la pâte du pain de 1 quart devait
peser 3 livres 7 onces, et le pain cuit 3 livres 1 once 8 deniers.

A 8 gros le sétier, le pain cuit de 1 quart devait peser
2 livres 12 onces 8 deniers, celui de demi-gros 5 livres 8
onces 16 deniers.

A 9 gros le sétier, le pain cuit devait avoir 5 livres 17
deniers de poids par demi-gros.

Ainsi de suite jusqu'à 36 gros le sétier. Le pain
de demi-gros ne pesait plus alors que 1 livre 7 onces 8
deniers 16 grains, et la pâte 1 livre 10 onces 2 deniers
1/2 (1).

§ 2. Bienfaisance publique.

Les enfants trouvés étaient nourris aux frais de la ville;
en 1515, les consuls confièrent un de ces infortunés à une
femme de St-Véran, à raison de 11 sols tournois par mois,
soit 11 florins par an.

En 1513, la même femme avait déjà reçu un enfant à
10 gros par mois, ou 10 florins par an (2).

L'hospice fut fondé, selon M. Pilot, en 1347, par le
dauphin Humbert II, et doté dans la suite par plusieurs
bienfaiteurs. Il avait un chapelain qui le dirigeait. Les
soins de l'intérieur étaient dévolus à un *hospitalier* qui
jurait de gouverner et de servir avec bonté les pauvres
pendant leur vie et de les ensevelir après leur mort, de se
rendre utile aux habitants en temps de peste et de fournir
un compte de sa gestion aux consuls.

En 1515, les mariés Blanc obtinrent cette charge à raison de 3 florins par an.

---

(1) Cartulaire.

(2) Dans beaucoup de provinces, les enfants abandonnés
étaient à la charge du seigneur. En Dauphiné, la communauté
veillait à leur entretien.

Mais les grandes préoccupations venaient assaillir l'administration municipale au moindre bruit de peste.

En 1482, les consuls prient le vibailli de prescrire des mesures de salubrité et de salut public.

Celui-ci fit garder les portes de Romans, de Vinay, de Chevrières et de Beauvoir par deux artisans chacune, payés par la ville. On répara le chemin derrière la muraille allant de la porte de Vinay à celle de Chevrières, pour le passage des étrangers.

Les consuls devaient garder les clefs des deux portes closes.

Défense fut faite aux habitants des faubourgs de loger les étrangers, à peine de 100 sols d'amende et d'expulsion de la ville au besoin. Il était permis de leur vendre du pain et des vivres.

Si un habitant vient à être atteint de la peste, il est expulsé de la ville et sa maison est fermée.

Il est décidé que l'official de Romans serait prié d'obliger le curé et les autres serviteurs de l'église du lieu, à faire trois processions par semaine, auxquelles chaque famille devra se faire représenter.

Les mendiants seront arrêtés aux portes et on leur donnera, là, quelques secours.

On enlèvera tous immondices et débris de tanneries, et on videra les cloaques.

Aucun tanneur ou corroyeur ne pourra exercer sa profession en temps d'épidémie.

Deux fossoyeurs seront désignés par les consuls.

Enfin, défense est faite de communiquer, en aucune façon, avec les localités où sévissait le fléau (1).

Selon l'*Album du Dauphiné*, la peste de 1587 enleva à Saint-Marcellin les trois quarts de sa population, et, pour repeupler la ville, il fallut assurer aux nouveaux habitants des avantages particuliers.

---

(1) Cartulaire.

§ 2. La lèpre.

« On donna, dit Collombet, le nom de maladrerie aux hôpitaux qui étaient réservés pour les lépreux hors des villes et sur les grands chemins, et l'usage des cliquettes leur devint particulier, afin qu'ils pussent être plus facilement discernés d'avec les autres malades (1). »

Le *cartulaire* de Saint-Marcellin renferme plusieurs actes de réception à la Maladière de la ville, établie dans la paroisse de Saint-Véran. Tous ces lépreux furent admis, sur la demande de leurs proches, par les consuls et conseillers de la ville et par le curé de Saint-Véran des Pommiers *(de Pomeriis)*, à la condition de vivre en paix avec les autres malades, d'être bons, fidèles et religieux, et de payer une somme déterminée pour leur entretien.

Cette somme varie de 10 à 15 florins ; elle était employée aux constructions à faire ou aux rentes à acquérir.

Outre ces conditions, une transaction du 7 juillet 1480 nous révèle les faits suivants :

Il n'était reçu dans la Maladrerie que six lépreux ou lépreuses. Chaque année, les hommes élisaient un prieur et les femmes une prieure, chargés du soin de la lingerie et du mobilier. En cas de faute, la ration du coupable était réduite de moitié ; en cas de récidive, elle était enlevée, et la troisième était punie de l'expulsion.

Ils ne pouvaient disposer des biens par eux acquis pendant leur séjour à la Maladrerie, et ces biens demeuraient à l'établissement.

Un rapport de chirurgiens-barbiers, en 1464, nous révèle les signes ou symptômes de la maladie : nez dilaté, camus, oreilles contractées, visage rouge tendant à la lividité, avec plusieurs petits boutons et gale du nez en

---

(1) *Histoire de la sainte église de Vienne*, II, 225 et suiv.

haut, voix rauque, corps assez mal coloré, jambes insensibles à la piqûre d'une aiguille..... Avec de telles garanties médicales, il était facile de faire passer pour lépreux bien des malades atteints d'autres affections cutanées (1).

V.

Industrie et Commerce.

Privé de détails sur le commerce et l'industrie de la ville pendant les derniers siècles, j'ai consulté la liste consulaire de 1460 à 1560, afin d'obtenir quelques renseignements à ce sujet, l'un des consuls devant être pris dans la classe des artisans, comme on l'a vu.

Mais, à l'exception de deux tondeurs de draps, de cinq fabricants d'étoffes, d'un drapier, d'un *brochier* et d'un corroyeur, cette liste ne révèle que des professions ordinaires : bouchers, tailleurs, cordonniers, forgerons et barbiers.

Toutefois, les lettres patentes données à Fontainebleau en octobre 1606, autorisant la création du marché du mercredi et des foires de la Saint-Hilaire et de la Magdeleine, permettent de supposer à Saint-Marcellin une certaine activité commerciale, dans les temps antérieurs, et Valbonnais y place même une banque de Juifs, ainsi qu'à la Sône, Saint-Nazaire, Moirans, etc. (2)

Voici textuellement l'exposé qui se trouve dans les lettres du roi Henri IV :

« Les Consuls et habitans de notre lieu de St Marcellin, au pays de Viennois, nous ont faict entendre que

---

(1) Archives de la Drôme, E. 2938.

(2) *Histoire du Dauphiné*, II, 287. — Sous Humbert II, le Dauphine réunit à Saint-Marcellin tous ceux de la province pour leur faire payer les frais du voyage de son fils, alors à Naples. — *Id.*, I, 301.

ledict lieu estant situé au milieu de la province, environné de plusieurs et grands fertils villages, et d'ailleurs y aiant esté establi le siege du balliage du Bas-Viennois et Valentinois par feu bonne memoire Humbert, Daulphin, avec l'octroy d'un marché tous les jours de sabmedy et deux foyres l'année. l'une le Ier jour du mois de may, et l'aultre le jour et feste de St Michel, et tout confirmé par nos predecesseurs roys, d'heureuse memoire, et nous ; lequel lieu s'est rendu peuplé et habité de grand nombre de personnes de toutes quallités, marchands, lesquels y exercent et entretiennent un beau et grand commerce, qui augmente de jour à aultre, au moyen de ce que, pour la commodité du lieu, les marchands estrangers, mesmes ceux qui font commerce de grains, qui frequentent les marchés de Romans, du Pont et de St Jean en Royans, de Lens et de La Coste, sont contraincts, le jour de mercredy, convenir et s'assembler audict lieu de St Marcellin, pour y debiter leurs grains, qui sont, en après, transportés et distribués aux lieux des marchés plus proches, à la singulliere utilité et commodité de tous les pays circonvoisins ; mais craignant que par nostre procureur general, ses substitués, et aultres nos justiciers et officiers ne soit faict quelque recherche, pour n'avoir aulcun marché establi audit jour dans ledict lieu ; pour ce, et affin d'avoir d'aultant plus de moien de se relever des pertes et ruynes qui leur sont advenues à l'occasion des troubles passés, desireroient qu'il nous pleust..., en confirmant leurs foires et marchés anciens et le siege dudict balliage, leur octroier l'establissement d'un nouveau marché tous les jours de mercredy de chaque sepmaine, avec aultres deux foires, et, sur ce, leur accorder nos lettres necessaires... A ces causes... confirmons les marchés et foires anciens et... créons un marché et deux foires pour y estre doresnavant et perpétuellement et a tousjours tenus, gardés et observés. »

L'*Almanach général et historique* de 1787 nous apprend que les marchés du mercredi et du samedi existaient encore alors, mais que les foires, réduites à trois, se tenaient le 2 mai, le 10 août et le 30 septembre.

Suivant l'*Album du Dauphiné*, des moulins à soie furent établis en 1630 et la culture du mûrier prospéra dans les environs. Mais les superbes filatures à la Vaucanson de M. Jubié, à la Sône, ne remontent pas au-delà de 1778. Dix ans plus tard, d'après l'*Almanach* précité, la fabrication des draps-ratines et des toiles était peu considérable à Saint-Marcellin et dans la subdélégation, à cause de la rareté des chanvres et des travaux agricoles.

Espérons que l'établissement d'une voie ferrée développera l'industrie et le commerce dans une ville si heureusement placée, au milieu d'une contrée fertile et non loin des forêts du Vercors et de Chambaran.

VI.

Le Clergé.

§ 1. — LA PAROISSE.

Quatre chanoines réguliers de Saint-Antoine desservaient autrefois la paroisse ; après leur union à l'ordre de Malte, la cure devint séculière et à la nomination de l'archevêque de Vienne ; toutefois les Antonins devaient être préférés à tous autres prêtres.

En 1787, d'après l'*Almanach général*, les quatre chanoines réguliers, le curé y compris, disaient l'office publiquement, en vertu d'une fondation ancienne, et jouissaient chacun d'un appartement spécial. Vers cette époque, l'ordre de Malte, qui percevait la dîme, octroya un vicaire à la paroisse.

Quelques documents relatifs à l'église méritent une analyse.

Une transaction de 1423 nous apprend que l'édifice ancien ayant été détruit, les habitants en employaient les matériaux à la reconstruction d'un nouveau, et surtout d'un chœur (*presbyterium*). Les fondations étaient déjà ras-terre, lorsque le concours de l'abbé de Saint-Antoine, curé décimateur, fut officiellement invoqué. En vain ce dernier prétexta de la modicité de son revenu pour le refuser ; il fallut en venir à un accord, dont voici les clauses :

L'abbé Arthaud ou ses successeurs donneront aux consuls Lusson et Folhon 250 florins, monnaie du pape, à 12 gros l'un, payables par 5°, d'année en année, pour achever le chœur.

Moyennant cette somme, les consuls se déclarent satisfaits, et un terme de huit ans, pour l'entière exécution du chœur, leur est accordée. En cas de ruine imprévue de l'édifice, après la mort de l'abbé Arthaud, ses successeurs ne seront pas dispensés de concourir à la réédification des murailles.

En 1476, l'église nouvelle réclamait des réparations et des embellissements. Frère Guill. Galbert, dit Bargena, religieux de « monsieur Saint-Antoine » et recteur de la paroisse, s'adressa à Louis XI qui, de Montils-lès-Tours, lui fit expédier les lettres suivantes :

« Loys... à nos amés et féaux conseilliers, les gouverneur ou son lieutenant et gens tenans nostre Parlement de Daulphiné et au balif du bas pays de Viennois et Valentinois ou à son lieutenant en nostre court de St Marcellin... Par don et octroy de nous ou de nos predecesseurs, nos bien amés les cosses (consuls), borjois et habitans de de ladicte ville prenent et levent... de lonc temps en ça, certain aide, truage ou imposition sur certaines denrées et marchandises, comme vins, bestes et certaines autres qui sont vendues et achettées et qui entrent et yssent par ladicte ville ; lequel aide ou truage est vulgairement appellé *Commun* de la ville..., et a esté mis et imposé ledict truage... pour soubstenir et paier les charges de ladicte ville comme entretenir puis, ponts, fontaines et autres affaires communs d'icelle, dont par le dessus dict don, octroy et consentement par nous ou nos predecesseurs... donné, iceulx habitans doivent la moitie des deniers qu'ils resoivent... metre et emploier un en la fortificacion et reparacion des murailles et closure d'icelle ville et non ailleurs...; laquelle moitie, puis aucun temps en ça, nous estant en nostre dict pais de Daulphine, nous avons donne... aux religieux et couvent des Carmes... jusques à certain temps qui brief finira.

« Et il soit ainsi que ladicte eglise de St Marcellin qui est la principale et plus grande eglise de ladicte ville et en laquelle viennent et affluent plus de gens et parrochiens, ait besoin et necessite de y faire plusieurs grandes reparacions et specialement de voultes, pilliers et pavements de pierres pour la decoration et perfection d'icelle; lesquelles reparacions le suppliant ne pourroit ni scauroit de lui mesme fere, ni porter et sousteair les frais et mises... sans nostre grace et aide... Pourquoy, nous les choses dessus dictes considerees... et pour la grande et singuliere devocion que nous avons au glorieux St Anthoine, dont depend ladicte eglise, et à ce que icelle puisse estre restauree et redifiee, et que soyons participant es oreysons et prieres qui y seront faictes...; audict suppliant... avons octroye et octroyons...; par ces presentes, qu'il ait et prene chascun an la moitié dudict aide, treu imposicion ou commun... jusques à vingt ans prochainement venans à compter du jour que le don et octroy par nous faict aux Carmes sera fini et expire. » (1)

Ces lettres furent enregistrées à Grenoble le 23 décembre 1467.

Guillaume Galbert, muni de ce privilége royal, fit convoquer les habitants pour obtenir sur la moitié de l'octroi le prélèvement des frais par lui supportés. Mais les consuls et conseillers, que ce manque de désintéres-

---

(1) Cartulaire de Saint-Marcellin.

sement scandalisait, insérèrent dans la délibération prise
la clause suivante :

« Il a été omis de dire que le curé ne pourra s'ingérer
en aucune façon à recouvrer les deniers provenus du don
royal, dont la rentrée sera effectuée par les syndics, lesquels donneront aussi les prix faits des travaux, en présence et du consentement du curé. »

Les travaux du clocher remontent à 1481, ainsi que la
maison de ville. Ce clocher fut frappé de la foudre le 17
octobre 1670. Au commencement du xvi° siècle, la toiture de l'église fut adjugée à Amayan, le cimetière clos et
l'église dallée en pierres dures de Chevrières.

On a aussi le prix-fait d'un missel romain pour l'église
paroissiale, en bonne grosse lettre de forme et en parche-
min, semblable à celui des Carmes, avec enluminures
d'azur et de vermillon, au prix de 50 florins. Le marché
est de 1485.

Des inventaires de 1508 et de 1510 font connaître le
mobilier du culte à Saint-Marcellin : trois calices dorés,
un ciboire d'argent, un parement d'autel broché d'or ;
quatre ornements de soie rouge damassée, quatre en soie
blanche, quatre de couleur jaune, etc.

Parmi les reliques se trouvaient : la tête de l'une des
onze mille Vierges, le doigt de saint Cyprien, du bois de
la vraie croix, des ossements de sainte Marie-Madeleine,
de saint Laurent, de saint Blaise, etc.

A côté du clergé paroissial, il y avait, à Saint-Marcellin,
un couvent de Grands-Carmes, fondé vers le milieu du
xv° siècle par Déagent, vibailli, et confirmé par Louis XI,
à Valence, en octobre 1453 ;

Un couvent de Récollets établi, en 1618, par Jean
du Vache, seigneur de l'Albenc, président en la Chambre
des Comptes de Dauphiné (il y avait 20 religieux en
1698) ;

Un couvent d'Ursulines, remontant à 1630, avec 2,000
livres de revenus et 20 religieuses en 1698 ;

Un couvent de la Visitation, dû aux libéralités des ha-

bitants, en 1645 (avec 1,500 livres de revenus et 15 religieuses, en 1608).

Divers actes conservés dans les minutes de notaires de
Valence, au xv° siècle, établissent que les Antonins ne
virent pas de très bon œil l'établissement des Carmes de
Beauvoir à Saint-Marcellin, et que le pape Benoit XIII
dut intervenir pour régler les droits de chacun.

Malgré l'*Almanach général* de 1787, qui attribue à
Déagent le mérite de la fondation des Carmes, les titres du
xv° siècle ne font aucune mention de ce personnage ; bien
plus, une bulle du pape Benoit XIII autorise les religieux
à s'établir dans la maison que leur a donnée noble Andric
Garin, damoiseau, le commandeur de Saint-Paul ayant
refusé de permettre leur installation dans la maison de
Pierre Galian, de sa mouvance (1). Au temps de Bouchu,
en 1608, ils étaient au nombre de 12 (2).

Malgré la bonne doctrine que devaient enseigner de
parole et d'exemple les religieux Antonins et Carmes, la
réforme s'introduisait à Saint-Marcellin au xvr° siècle.
Quelles en furent les causes ? Je l'ignore. Mais de pareilles
Révoltes contre l'autorité de l'Eglise catholique se renou-
vellent périodiquement et démontrent ainsi la solidité de
sa base.

L'historien de Saint-Antoine présente comme un agi-
tateur politique le prédicateur de la Réforme venu à
Saint-Marcellin. Faute de documents, je n'aborderai pas
ce sujet.

Toutefois, comme on sait peu de choses sur l'organisation du culte réformé dans la province, une brève analyse
du synode tenu dans cette ville, en avril 1606, ne sera
peut-être pas déplacée ici.

Chamier présidait l'assemblée, avec Vinay et Vulson la
Colombière pour adjoints ; Videl recueillait les actes.

---

(1) Cartulaire de Saint-Marcellin. — *Archives de la Drôme*,
E. Jullian, notaire.
(2) *Mémoire manuscrit*.

Les colloques du Viennois, du Graisivaudan, du Valentinois et du Gapençais s'y trouvaient représentés. Voici les députés et pasteurs du premier :

Montagne, pasteur de Beaumont ; Giroyn, député dudit lieu.

Durand, pasteur de Beaurepaire ; Pescat, député.

Tondard, député de l'Albenc.

Richard, député de Chabeuil.

Cheissière, député de la Baume.

Denis, pasteur du Pont-en-Royans ; Vautier, député.

Thomé, député de Romans.

Boquin, de Lacombe et Raymond représentaient Saint-Marcellin.

Après la vérification des pouvoirs, on décide qu'à l'avenir le synode ne sera plus convoqué avant le mois de mai. Les autres décisions prises ne regardent, pour la plus grande partie, que l'administration intérieure et financière des églises. Il y est dit « que l'ordonnance faite par le « colloque du Viennois pour l'union des églises de Beau- » repaire et de Roibon tiendra ; » qu'un article sera présenté au synode national pour autoriser, en cas de condamnation pour adultère d'un homme ou d'une femme, la partie innocente à se remarier ; que les fidèles seront avertis de ne pas fréquenter les pèlerinages, « auxquels « les idolastres papistes trottent » ; que, « pour quelques « considérations, » on n'astreindra pas « messieurs de la « noblesse et autres, qui ont des vases et tombes particu- « lières aux temples des papistes, d'en laisser entièrement « la possession et jouissance, pourveu qu'on evite toute « superstition ; » que les amendes imposées à ceux de la religion « ne soient pas adjugées aux moyneries et autres « usages favorables à la papauté, mais au profit de ceux « de lad. religion » ; que M. Chamier verra l'histoire d'un certain Mathieu, « advocat de Lyon, » et poursuivra au besoin, devant la Chambre de l'édit, ses calomnies contre le synode national ; qu'il sera permis « d'accom- « pagner les enfants des papistes au baptesme, jusques à « la porte de leur temple, à la condition de ne participer

à aucune « superstition ni idolastrie »; que M. Chamier
ira en cour défendre M. Agar, accusé de lèse-majesté;
que MM. Curin, Cresson et Guerin représenteront « à
« Mgr Desdiguières que les eglises de ceste province, —
« (en vue) de l'avancement du regne de Dieu et ruine
« de celui du diable, qui ne s'establit par aucun moyen
« plus fermement que par l'atheisme, — le supplient tres
« humblement de chasser de sa maison et de sa suite cer-
« tains athées et profanes, et, entre autres, celui qui en est
« estimé le chef... »

Parmi les autres décisions, nous noterons celle qui oc-
troie Josué Barbier à l'église de Saint-Marcellin pour
pasteur, et Bocquin à celle de l'Albene.

Selon M. Rochas, Josué Barbier était de Die. Pasteur
à Quint, en 1608, il fut placé à Saint-Marcellin et y demeura sept ans. De 1613 à 1615, il exerça le ministère à
Livron et devint membre du conseil privé et des assem-
blées politiques du culte réformé.

Puis, il abjura solennellement en pleine assemblée du
clergé de France, qui lui fit toucher une pension annuelle
de 600 livres, et publia, en 1618, la *Ministrographie
huguenote*, où se trouve un chapitre fort curieux intitulé :
*Description sommaire et véritable de l'estat du sieur
Barbier avant sa conversion.*

Eustache Piedmont nous apprend que le temple de
Saint-Marcellin, construit après l'édit de Nantes, était
à l'un des faubourgs, « sous le Faucon, à quarante pas du
« chemin. »

Le même auteur mentionne une controverse publique
tenue dans la même ville, en juin 1598, entre l'abbé de
Saint-Antoine, Tholosain, et le ministre Caille, chez
Mme d'Estables, femme d'un conseiller au Parlement de
Grenoble (Louis du Vache), en présence du vibailli et de
plusieurs notables, d'un parti et d'autre. Mme d'Estables
« fit dispute de la realité du corps de J.-C. en la cène
« que Caille confessa, contre l'opinion de Calvin qui dit

____

(1) *Biographie du Dauphiné.*

« qu'il n'y est que par foy; et sur tous autres points prin-
« cipaux de la croyance de l'Eglise catholique, invoca-
« tion des saints et autres, led. Cailhe demeura si court,
« qu'il fut jugé ignare et ne savoir l'Ecriture Sainte que
« grossierement. » — La dispute dura huit heures.
« Madame bien souvent lui disoit : Monsieur Cailhe, vous
« ne resolvés pas la question de M. l'Eleu (Tholosain, élu
« abbé). Le matin venu, l'on pensoit que Cailhe retour-
« neroit vers M. l'Eleu ; mais, à l'aube du jour, il sortit
« de Saint-Marcellin et l'on lui mena son cheval.
« M. Desdiguieres ayant seu la dispute demanda aud.
« Cailhe : Monsieur Cailhe, vous avez parlé avec M.
« Toullozan ? — Ouy. — Le pape, dit M. Desdiguieres,
« a gagné une bataille par cette dispute. » Néanmoins,
ajoute le narrateur, « ils sont plus opiniastres que de-
« vant. Dieu les ravise et les amène à bon chemin. » (1).
Là s'arrêtent mes renseignements sur le clergé.

VII.

Les faits militaires.

Les troupes delphinales se composaient des vassaux
obligés au service militaire, nobles ou roturiers.

Humbert II, informé que le comte de Valentinois se
disposait à secourir l'évêque de Valence, ordonna au châtelain de Valcluson de se trouver à Saint-Marcellin
quinze jours après la Saint-Jean-Baptiste (24 juin 1340),
avec tous ses cavaliers et fantassins, bien approvisionnés
de goys (cognées), de faux, de faucilles, de deytraux ou
haches et d'autres instruments pour couper les arbres, les
vignes et les blés (2).

---

(1) Eustache Piedmont, *Mémoires*, ii, 299. — E. Arnaud,
Notice historique sur les controverses religieuses, p. 10.

(2) Valbonnais, *Mémoires*, 51, 57.

On sait que le comte Aimar finit par se soumettre et prêta hommage au Dauphin (1).

Après le transport de la province à la couronne de France, Louis XI organisa des armées permanentes ; toutefois, le vibailli de Saint-Marcellin conserva le droit de convoquer le ban et l'arrière-ban.

Le même prince, encore Dauphin, apprenant l'arrivée de Charles VII, convoqua la noblesse du Bas-Dauphiné et des comtés de Valentinois et Diois, pour lui prêter assistance. Plusieurs gentilshommes refusèrent d'obéir, « ne « croyant pas que refuser de s'armer contre le roi fût « une désobéissance criminelle ; » mais le Dauphin réitéra ses ordres et fit saisir les rebelles. « La ville de « Saint-Marcellin fut leur lieu d'assemblée, et le bastard « d'Armagnac, mareschal de France, leur chef (2). »

Charles VII avait institué, en 1448, les *francs archers* ou *francs taupins,* ainsi appelés à cause de leur exemption de tout impôt ; on en prenait un par 60 maisons. Toute la province en fournit d'abord 2,200, puis 500 seulement (3).

Le 9 février 1482, les consuls de Saint-Marcellin traitaient avec Port dit Ginet et Decus dit Tiffeyne, qui s'obligeaient à servir dans les armées du roi, pendant six ans, pour les habitants de la ville, sous le titre de francs archers. Ils devaient se rendre au premier appel et partout où ils seraient mandés. Chacun d'eux recevait tous les ans 20 florins, s'il servait, dont une moitié payable au départ et l'autre moitié au retour, ou, en cas de mort, à ses héritiers. Jusqu'à leur réception par le capitaine, les deux engagés devaient marcher à leurs frais, accompagnés d'un consul. Les armes et l'habillement leur étaient fournis par la ville ; mais ils les rendaient au retour, en nature ou en argent, les remplaçant en cas de perte (4).

---

(1) Chorier, *Histoire de Dauphiné,* II, 280.
(2) Chorier, *Histoire de Dauphiné,* II, 455.
(3) A. du Rivail, *De Allobrogibus,* p. 521.
(4) Cartulaire.

Organisées plus tard, les milices parurent au siége de Montmélian, sous Henri IV. Saint-Marcellin y envoya vingt-cinq hommes avec un sergent ; Crest et Romans, cent hommes avec un capitaine (1).

Abordons maintenant la période tourmentée, connue sous le nom de guerres de religion, non pour en suivre les péripéties, mais pour esquisser, sous forme d'annales, les faits accomplis dans Saint-Marcellin ou ses alentours.

1562. — Maugiron, catholique zélé et sage politique, ayant remplacé la Motte-Gondrin, échoue devant la Côte-Saint-André et s'empare de Saint-Marcellin, avec l'assentiment de la population. Des Adrets, le 24 juin, se présente devant la ville avec 12,000 hommes et en fait le blocus. Maugiron s'échappe et laisse 1,500 ou 300 hommes pour la défendre, promettant de prompts secours. Des Adrets canonne la porte de Romans, et, maître de la place, passe tout au fil de l'épée, fait pendre Charles Lacombe-Maloc, procureur du roi au bailliage, et le prieur des Carmes. Une partie des soldats vaincus fut précipitée du haut d'une tour que l'on montre encore avec effroi (2).

1567. — Le prince de la Roche-sur-Yon avait nommé du Vache, vibailli, quoique moins appliqué aux lettres qu'aux armes, « où il avoit acquis de la réputation, au « dire de Chorier ; » le duc de Montpensier révoque ses provisions (3).

Après la bataille de Saint-Denis (19 novembre), le prince de Condé donne le commandement de 14,000 hommes à Montbrun et à Jacques Cardé, de la maison de Saluces, pour s'opposer à de Gordes et défendre Saint-Marcellin. La ville « ne se trouvoit pas dans une assiette

---

(1) Chorier, *Histoire*, II, 767.

(2) Long, *La Réforme et les guerres de religion*. Chorier, *Histoire générale*. Collombet, *Histoire de la sainte Eglise de Vienne*, etc.

(3) Chorier, *Histoire générale*, II, 608.

« avantageuse et n'étoit pas fortifiée; si bien que de
« Gordes s'étoit promis de n'y pas rencontrer de résis-
« tance, le roi y ayant de fidèles serviteurs. Du Vache,
« le plus notable des habitants, et par sa prudence et par
« la charge qu'il y exerçoit, figuroit dans ce nombre.
« Néanmoins, les chefs catholiques furent trompés dans
« leurs espérances. Il n'y eut ni siége ni blocus de formé;
« leur tentative se borna à deux combats où de Gordes
« resta vainqueur. Le premier fut livré, le 20 novembre,
« près du château de Chatte, et l'autre deux jours après...
« Cardé, témoin de l'épouvante des siens et voyant que
« les catholiques le pressoient vivement, fit sonner la re-
« traite, » et il put rentrer dans Saint-Marcellin, où
Chatte-Geyssans ne laissa pas de l'inquiéter et de lui
causer des pertes sensibles.

1568. — Pipet, chef protestant, s'empare de Saint-
Quentin, et Boniface, capitaine de Gordes, de Saint-Marcellin qui reste au pouvoir des catholiques. Saint-Antoine
est démantelé, ainsi que la Côte-Saint-André; il est
même question de faire subir le même sort à Saint-Marcellin; mais l'Arthaudière appuie de son crédit les démar-
ches des habitants qui, d'après Chorier, « en consideroient
« la ruine (de leurs murailles) comme une infamie et ai-
« moient mieux perdre l'exercice de la nouvelle religion
« qu'elles (1). »

1573. — Montbrun cherche à entrer dans la ville; ses
complots sont découverts et ses agents mis à mort.

1574. — A la suite du passage de l'Isère par les gens
de Glandage-le-Jeune, le prince Dauphin établit une garnison à Saint-Marcellin.

1575. — La compagnie du duc de Nemours s'y trouve,
et Saint-Antoine lui vient en aide pour 1,500 livres (2).

1576. — Etablissement de la Chambre mi-partie qui

---

(1) Chorier, *Histoire générale*, II, 617, 625.
(2) Long, *La Réforme...*, III; — *Mémoires* d'Eust. Piedmont.
I, 27, 49.

devait siéger six mois à Grenoble, et les six autres à Saint-Marcellin. C'est la Chambre de l'Edit que M. Brun-Durand a si bien fait connaître.

A partir de cette époque, Eustache Piedmont donne un grand nombre de détails secondaires qui seront utilisés dans une monographie plus complète.

1589. — Alphonse d'Ornano, colonel des Corses, fait à Saint-Marcellin son principal séjour. Henri IV, dans ses lettres patentes de 1606, accorde à la ville et aux habitants un marché et deux nouvelles foires, « en consi-« dération de la fidélité et affection qu'ils ont tousjours « portée au bien de son service, lors même que son lieu-« tenant général au pays de Dauphiné n'y put trouver « aulcune autre assurée retraite que ledit lieu. »

Le 13 septembre, d'Ornano conclut avec Lesdiguières « une union et ligue en vertu de laquelle ils promettent et « jurent de s'entresecourir l'un et l'autre, de toutes les « forces et moyens qui sont et seront en leurs pou-« voirs. » (1)

1595. — Baptême en grande pompe du fils du sieur de la Motte de Cognin (2).

Au commencement de juillet, le duc de Nemours envoie sommer Saint-Marcellin « de luy rendre obéissance, « autrement qu'il le mettroit à feu et à sang. » Ce chef, au dire de Chorier, avait formé le plan d'une monarchie « sur lequel travailloient incessamment son ambition et « son courage. » La possession de la ville devait, à ses yeux, favoriser ses desseins.

D'abord, il cherche à la surprendre avec 1,200 cavaliers espagnols et italiens, survivants de Pontcharra ; mais, au bruit de l'arrivée de Lesdiguières, vingt-cinq ou trente gendarmes d'Alphonse d'Ornano mettent en fuite la troupe de Nemours qui, resté seul avec quelques officiers, se retire dans Tullins. Le lendemain, ses soldats rassurés repren-

---

(1) Videl.
(2) Piedmont, *Mémoires*, II, 41-42. — Chorier II, 749.

nent la route de Saint-Marcellin avec 10,000 fantassins.
La ville, « se voyant sans garnison, sans secours et sur le
« point d'être foudroyée à coups de canon, la batterie
« etant preste à jouer, se rendit à composition. Le Molar
« est un château élevé sur un tertre à une arquebusade
« de la ville ; c'étoit une des maisons de Maugiron ; le
« duc l'accommoda, y fit quelques fortifications, et y
« ayant mis de ses gens et dans St Marcellin mena ses
« gens à une autre entreprise. »

Eustache Piedmont ajoute que Lucquet, capitaine
corse, placé dans la ville par Alphonse d'Ornano, refusa
énergiquement de se rendre et se plaça à la porte de Chevrières pour y combattre jusqu'à la mort. Mais, touché
des prières des habitants, il céda et sortit avec les hon-
neurs de la guerre. De Murinais, laissé dans Saint-Marcellin par le duc de Nemours, fut attaqué, le 19, par une
troupe de Corses, embusquée aux faubourgs ; il y eut une
sortie et les faubourgs furent livrés aux flammes.

Le 26 août, d'Ornano et Lesdiguières, à la tête de
6,000 hommes de pied et de 1,000 cavaliers, se présen-
tent à minuit devant la ville, divisent leur armée en 4
bataillons et mettent en place leurs sept pièces d'artillerie.
Murinais demande à capituler et sort avec armes et baga-
ges, le 28, à huit heures du matin.

D'après Eust. Piedmont, Lesdiguières voulait foudroyer
Saint-Marcellin et mettre au fil de l'épée la garnison,
« pour montrer que puisque telles bicoques permettent
« qu'on mène le canon, qu'il est besoin de leur faire la
« depense. » D'Ornano, au contraire, écouta favorable-
ment les négociateurs et traita avec Murinais « pour éviter
« la ruine du lieu. »

Ici finit le rôle militaire de la ville, bien que le nom
pompeux de *Thermopyles*, pendant la Révolution, sem-
ble indiquer le contraire ; (le souvenir des Grecs et des
Romains nous a toujours perdus) : tout se réduisit à l'arres-
tation de Barnave.

VIII.

Les Assemblées.

D'Ornano y convoque, le 18 juin 1589, une grande assemblée pour négocier un accommodement avec la ville de Grenoble. Les consuls des dix villes, les députés du pays et du Parlement, ainsi que plusieurs gentilshommes de marque, y assistent.

Déjà, en 1586, M. de La Valette avait réuni au Mollard MM. du pays, et le siége d'Embrun y avait été résolu.

La conférence du 18 juin 1589 fut suivie d'une autre le 20 juillet ; mais le crime de Jacques Clément rendit tout inutile.

Sur la demande du duc de Savoie de succéder à ce prince, d'Ornano convoque les Etats à Saint-Marcellin pour le 10 septembre 1589. On juge de leur décision.

Les 21 et 22 mai 1592, la noblesse du Bailliage, réunie dans la même ville, offre de servir le roi « en personne et « non fournir argent, d'autant qu'elle trouvoit cela estre « derogeant à son titre. » De nouvelles réunions à Vienne et à Saint-Marcellin ne font pas avancer la question financière, mieux que celles de Tullins, la Côte, Beaurepaire, Grenoble, etc., en 1594, la question politique.

Le procès dit *des tailles*, une fois la paix assise par l'édit de Nantes, va préoccuper les esprits et réveiller le patriotisme.

Déjà, en 1594, le 28 novembre, les Etats réunis à Saint-Marcellin avaient entendu les plaintes du peuple, sans « nulle justice ni soulagement, » la noblesse ne voulant entendre raison (1).

---

(1) Eust. Piedmont, II, 110, I, 295, 383, 91, 46. — Chorier, *Histoire générale*, II, 713, 729.

Les Etats de 1595, tenus dans la même ville, accentuèrent davantage encore la lutte. Voici le passage d'Eustache Piedmont à ce sujet :

« La noblesse du bailliage bien avertie des continuelles poursuites que les commis du pauvre tiers Estat faisoient par devant le roy pour avoir soulagement des extorsions qu'il avoit reçeu par la guerre et pour la vente qu'il avoit fait de ses biens aux nobles, — et néantmoins on lui faisoit porter tous les frais de la guerre, qui étoit commune et qui devoit être suportée par les trois Ordres, — firent assemblée à Saint-Marcellin pour se résoudre à répondre par devant le roy à Lyon sur lesdites plaintes et du 27 aoust 1595, commirent gens de leur part pour menner M. Aquin, avocat tres fameux de Grenoble. »

Le roi renvoya la connaissance de l'affaire à son conseil, et celui-ci estima qu'il y avait lieu d'autoriser une assemblée des intéressés. Des lettres patentes furent octroyées dans ce sens, le 26 octobre 1595 (1).

En août 1596 et en février 1597, la noblesse, réunie à Saint-Marcellin, arrête ses moyens de défense.

De son côté, le tiers Etat, profitant de la faveur royale, s'assemble dans la même ville le 11 octobre 1597. Martinon y représente Grenoble ; Colombet, Charbotel et Sambein, Vienne ; Chambard, Valence ; Martin et Raynaud, Romans ; Second et Rambaud, Die ; Vincent et Piscis, Crest ; Pion, Saint-Marcellin, etc. Lagrange décline la présidence, comme intéressé au procès ; Jean Rebut, plus ancien avocat, lui est donc adjoint. Charbotel, Dufaure, Billonnet et Bernard rendent compte de leurs négociations et l'assemblée les approuve ; puis, le 13, Lagrange est prié de poursuivre le procès. Il s'excuse sous prétexte « des domages qu'il lui porroit advenir pendant son absence ; » mais l'assemblée ayant pris à sa charge toutes les dépenses et garanti son délégué de

______

(1) Mémoires II, 131.

toute perte, il se déclare vaincu et reçoit tous les papiers et toutes les procédures du procès.

Malgré l'éloquence des défenseurs du tiers Etat, la taille fut déclarée personnelle (1602) et il fallut toute l'activité de Claude Brosse pour la faire déclarer réelle en 1634 et 1639, c'est-à-dire pour soumettre aux tailles les terres roturières acquises par les nobles et les ecclésiastiques.

Pendant cette lutte mémorable qu'un érudit dauphinois, M. Brun-Durand, se propose de nous faire connaître en détail, les Etats de la province furent plusieurs fois convoqués, et à Saint-Marcellin notamment, en 1628. Cette réunion fut la dernière jusqu'à celles de Vizille et de Romans (1788), malgré des élections préparatoires, en 1650, non suivies d'effet.

Il me resterait à parler des illustrations de Saint-Marcellin, si un rapport fait au Conseil municipal de cette ville, en 1855, n'avait déjà parfaitement traité le même sujet par M. Pachot-d'Arzac.

Voici simplement quelques noms à retenir :

Anisson, religieux antonin et vicaire-général de l'abbé de son ordre, controversiste ;

Arzac (d'), martyrisé à Saint-Antoine, sous des Adrets ;

Bocon la Merlière, auteur dramatique ;

Boisset, jurisconsulte et poète latin ;

Boissieu, député à la Convention, membre du Conseil des Cinq-Cents ;

Boissieu-Lamartinière, compagnon de Lapérouse, naturaliste ;

Bon, religieuse ursuline de Saint-Marcellin, née à Poliénas ;

Brenier, jésuite, orateur ; un autre, avocat distingué ;

Brenier de Montmorand, le défenseur d'Alméida, en 1811 ;

Cara la Bâtie, connu par sa bienfaisance ;

Chapot, minime, sous Louis XIII, auteur d'une vie de saint François de Paule ;

Deageant, premier ministre de Marie de Médicis, régente, auteur de *Mémoires*.

Duc, député au Corps législatif, en 1799 ;

Humbert II, dernier Dauphin, véritable fondateur de la ville ;

Lacombe-Maloc, mort pour la défense de la ville, en 1562 ;

Lagrange (Claude), un des plus célèbres et savants magistrats de son siècle ;

Lagrange (Antoine), minime, auteur du *Temple mystique de Salomon ;*

Magalion la Morlière, gouverneur de Saint-Marcellin, amena Mandrin à Valence ;

Maugiron ; cette famille possédait le château du Mollard, et Jeanne, fille de Gabriel, épousa Laurent, son cousin, lieutenant-général en Dauphiné ;

Murinais, député à l'Assemblée constituante, en 1790 ;

Odier, commissaire des guerres, inspecteur aux revues, député en 1815, professeur d'administration militaire à l'Ecole d'état-major et écrivain ;

Porret, distillateur ;

Rivail (du), historien et jurisconsulte dauphinois ;

Vache (du), président en la Chambre des Comptes, fondateur des Récollets de Saint-Marcellin et de Grenoble, et des Religieuses Célestes de l'Albenc.

Voilà, sommairement du moins, les traits principaux de l'histoire d'une ville *sans passé*.

Que lui faudrait-il donc pour en avoir un plus brillant ?

183